comestibles

Textes : Sofia Matos, David Melbeck, Marc Tourrette
Dessins : Yann Le Bris

salamandre

LES **PETITS LIVRES** DE LA **NATURE**

Forte de ses 40 ans d'expérience dans la vulgarisation des sciences naturelles, la Salamandre vous propose ***Les petits livres de la nature***, une collection de miniguides pour vous familiariser avec les plantes et les animaux de nos régions.

- Un **large choix de thématiques** accessibles pour découvrir la nature en un coup d'œil.

- Des **notions théoriques** vulgarisées pour pouvoir vous plonger simplement dans le sujet.

- Des **clés d'identification** intuitives pour reconnaître les espèces.

- Des **descriptions précises et faciles d'accès**, conçues par des rédacteurs et des rédactrices naturalistes professionnel·le·s en collaboration avec des scientifiques.

- Des **illustrations originales** de grande rigueur signées par les meilleur·e·s artistes naturalistes d'Europe.

Des livres esthétiques et éthiques

Pionnière dans la ***slow* édition**, la Salamandre souhaite redonner au livre sa juste valeur, en valorisant toutes et tous les intervenant·e·s impliqué·e·s dans la chaîne d'édition, des auteur·e·s aux lecteurs et aux lectrices en passant par l'imprimeur, les diffuseurs et les libraires, cela dans une approche environnementale exemplaire.

- Tous les textes et les dessins de ce livre ont été réalisés sur commande par un **fidèle réseau de rédacteurs, de rédactrices et d'artistes naturalistes**.

- Labellisé **PEFC**, le papier utilisé est exclusivement issu de **sources renouvelables**.

- Cet ouvrage a été imprimé en France, **à moins de 100 km de notre siège social**, chez un imprimeur certifié aux **meilleures normes écologiques**.

Parce que la nature est belle et mérite d'être connue, respectée et protégée.

Du goût sauvage dans l'assiette… en toute sécurité !

Potages de druide, remèdes de sorcière, salades fleuries, omelettes, quiches, chips, beignets, pesto ou sirops : de nombreuses plantes sauvages offrent une généreuse palette d'ingrédients pour une cuisine savoureuse et originale. Afin de profiter de cette richesse en toute sécurité, respectez ces quelques règles d'or au moment de la cueillette :

1. Les plantes sauvages comestibles ont souvent des cousines vénéneuses, voire très toxiques. Pour une identification fiable, recoupez les différents critères et comparez avec les autres espèces. En cas de doute, ne les consommez pas. De plus, certaines espèces sont comestibles uniquement à petites doses.

2. Evitez la cueillette près des routes et des champs traités ou sur les terrains industriels et pollués. Dans les zones à échinococcose, vérifiez l'absence d'excréments canins ou félins à proximité. Seule la cuisson détruit le parasite.

3. Ne pratiquez pas de cueillette dans les zones protégées et les réserves naturelles.

4. Attendez que le soleil sèche la rosée du matin. Choisissez des feuilles jeunes et saines. Transportez votre cueillette dans un sac en toile ou mieux un panier en osier car les sachets en plastique la feraient fermenter.

5. Cueillez seulement la quantité nécessaire en prenant soin de laisser systématiquement 3/4 des plants intacts sur place. N'arrachez pas les plantes, à moins d'en utiliser la racine.

Structure d'une inflorescence en ombelle (apiacées, rubiacées)

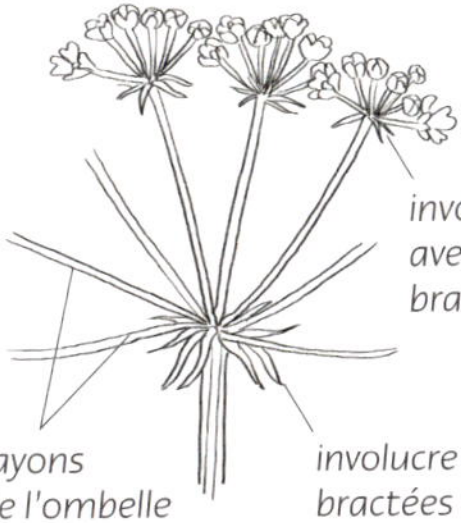

bractées : feuilles florales
bractéoles : petites bractées
involucre : collerette de bractées
involucelle : involucre secondaire

Structure d'une feuille composée

Reconnaître les plantes comestibles

Plante…

Ail des ours

Allium ursinum
Famille : amaryllidacées
Hauteur : 10-40 cm
Comestibilité : comestible

Généralités : plante forestière de printemps, elle se dépêche de déployer ses feuilles et ses fleurs avant que les arbres ne captent toute la lumière. D'après une légende, les ours se gavent de cette comestible populaire.

Habitat : l'ail des ours forme des tapis denses et odorants dans les bois humides et frais, en particulier en fond de vallon, sur les sols profonds et riches.

Feuilles : luisantes, souples et réunies par 2, elles apparaissent en mars-avril. Des nervures parallèles parcourent leur longueur. Elles dégagent une puissante odeur d'ail qui semble éloigner les chevreuils et les cerfs. Leurs effluves embaument le sous-bois printanier.

Fleurs : avril-mai. En forme d'étoiles, elles sont petites et nombreuses au sommet d'une tige dressée de 30 cm.

Usage : les feuilles et les fleurs sont utilisées comme condiment, crues en salade, dans du beurre, avec du fromage frais ou du pesto, et cuites en soupe ou dans des omelettes. Cette plante dépurative aide l'organisme à éliminer les toxines présentes dans le sang.

Risques de confusion

Muguet *(> p. 8)*, **colchique d'automne** *(> p. 10)*

Muguet

Convallaria majalis
Famille : asparagacées
Hauteur : 10-25 cm
Comestibilité : mortel

Généralités : cette célèbre plante populaire et parfumée contient pourtant de puissants poisons cardiaques. Feuilles, fleurs, fruits, racines: toutes ses parties sont dangereuses, voire mortelles en cas d'ingestion.

Habitat : forêts, lisières, haies et pierriers. Le muguet est une plante de demi-ombre qui a besoin de lumière pour fleurir. Il forme de grands tapis clairsemés qui peuvent être confondus avec ceux de l'ail des ours (> *p. 6*).

Feuilles : le plus souvent au nombre de 2, elles sont allongées et vert vif, sans aucune odeur d'ail (contrairement à l'ail des ours). Les nervures convergent vers la pointe de la feuille.

Fleurs : en mai, ses clochettes blanches au parfum entêtant apparaissent en grappes lâches au sommet d'une unique tige. Ses baies rouges se remarquent souvent à la fin de l'été.

Usage : les brins de muguet sont traditionnellement cueillis et offerts au 1er mai en guise de porte-bonheur. Ses fleurs ont longtemps été utilisées en parfumerie et le reste de la plante a été employé dans la confection de médicaments tonicardiaques. Leur préparation est à réserver aux spécialistes tant la plante est dangereuse.

clochettes blanches pendant quasi toutes du même côté
feuilles réunies par 2, celle du bas engainant l'autre
fruits très toxiques ressemblant à de petites perles rouges

Colchique d'automne

Colchicum autumnale
Famille : colchicacées
Hauteur : 5-25 cm
Comestibilité : **mortel**

Généralités : il a la particularité de laisser mûrir son fruit dans le sol en hiver grâce à son bulbe souterrain abrité du gel. Toute la plante contient une vingtaine d'alcaloïdes puissants, dont la terrible colchicine. Son ingestion peut être mortelle.

Habitat : le colchique se plaît dans les zones herbeuses et les prairies fraîches à humides.

Feuilles : longues et épaisses, elles apparaissent au printemps suivant la floraison et entourent le fruit en forme de capsule. Jeunes, elles peuvent ressembler dangereusement à celles de l'ail des ours (> *p. 6*) mais elles ne sentent pas l'ail et sont réunies par 4 ou plus.

Fleurs : août-octobre. Elégantes et lumineuses, elles sont rose lilas, solitaires ou par 2. Les pétales sont soudés à leur base en un long tube qui mène aux organes de reproduction femelles cachés à 10 cm sous terre. La plante fleurit sans déployer aucune feuille, *à la fin de l'été* comme le dit la célèbre comptine *Colchiques dans les prés*.

Usage : bien qu'il ait été employé autrefois comme abortif ou pour soigner les crises de goutte, le colchique est beaucoup trop toxique pour être utilisé. Il est même déconseillé de le toucher.

feuilles luisantes,
groupées par 4 ou plus
autour du fruit

Gaillet odorant

Galium odoratum
Famille : rubiacées
Hauteur : 10-30 cm
Comestibilité : comestible / toxique

Généralités : séché, il dégage une agréable odeur de foin ou de vanille en raison de sa haute teneur en coumarine, un composé aromatique. Cette plante d'ombre est connue aussi sous le nom d'*aspérule odorante*.

Habitat : cet élégant gaillet forme des colonies sur les sols frais dans les forêts de feuillus, souvent sous les hêtres.

Feuilles : rugueuses sur les bords et sur la face inférieure de la nervure centrale. Implantées en étoile autour de la tige, elles sont plus développées à mi-hauteur.

Fleurs : avril-juin. Petites et étoilées au sommet du végétal. Les graines couvertes de crochets se fixent sur le pelage des animaux ou les chaussettes des promeneurs pour voyager.

Usage : fraîche ou séchée, cette plante parfume crèmes et boissons. Elle est utilisée pour produire le vin de mai : une macération de plantes fraîches dans du vin blanc sucré.

Attention : *mal séchée, la plante moisit et la coumarine se transforme en dicoumarol, un anticoagulant.*

fleurs à 4 pétales, formant un entonnoir
tige quadrangulaire
feuilles en verticilles
petites graines couvertes de crochets minuscules

Chénopode blanc

Chenopodium album
Famille : amarantacées
Hauteur : 30-100 cm
Comestibilité : comestible

Généralités : plante couverte d'une pellicule farineuse et argentée à son sommet et qui donne l'impression d'être mouillée quand on froisse les feuilles terminales.

Habitat : souvent considéré comme *mauvaise herbe*, ce pionnier colonise rapidement les sols fraîchement remués et riches, dans les champs, jardins, terrains vagues et décombres.

Feuilles : en losange ou en fer de lance, elles sont épaisses et lobées ou irrégulièrement dentées. Le nom chénopode évoque la forme de ses feuilles et signifie *patte d'oie*.

Fleurs : juillet-septembre. Elles sont vertes, discrètes et regroupées en petits épis qui se développent à la base des feuilles ou à l'extrémité des tiges.

Usage : ses feuilles se cuisinent comme l'épinard tandis que les graines réduites en bouillie sont à cuire dans 2 eaux.

Attention : *la plante doit être consommée avec modération car sa cuisson libère des oxalates irritants pour les reins.*

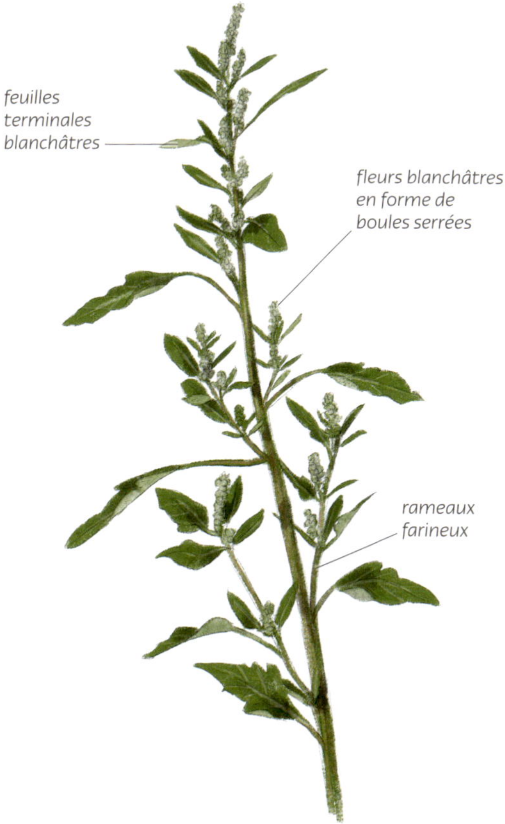

Risques de confusion

Tous les chénopodes sont comestibles sauf l'ambroisine (*Chenopodium ambrosioides*), visqueuse et à odeur de citronnelle.

Lamier blanc

Lamium album
Famille : lamiacées
Hauteur : 30-60 cm
Comestibilité : comestible

Généralités : son goût et son apparence rappellent l'ortie, mais cette plante velue n'a pas de poils urticants d'où ses appellations populaires d'*ortie blanche* et d'*ortie morte*.

Habitat : il pousse souvent en colonies le long des chemins, dans les lisières fraîches et sur les décombres, plutôt au soleil.

Feuilles : opposées, elles sont vert plus ou moins clair, terminées en pointe et dentées comme une scie.

Fleurs : avril-septembre. Blanches, groupées en cercle au-dessus des feuilles et longues de 2-2,5 cm, elles possèdent 2 lèvres. Les fleurs sont souvent pollinisées par les bourdons tandis que les graines sont dispersées par les fourmis.

Usage : tous les lamiers sont comestibles. Les jeunes feuilles, réputées bons légumes, se consomment en salade ou cuites. Les enfants farceurs aiment faire peur à leurs amis avec les feuilles de cette fausse ortie.

feuilles en
forme de cœur
pointu et
denté (typique
des orties)
grandes fleurs
regroupées
le long de la tige
tige carrée

Berce des prés

Heracleum sphondylium
Famille : apiacées
Hauteur : 50-150 cm
Comestibilité : comestible

Généralités : plante à odeur de mandarine et au goût anisé possédant une épaisse tige cannelée, hirsute et robuste.

Habitat : elle apprécie les prairies grasses, les talus, les bords de chemins et les lisières au sol frais et profond.

Feuilles : grandes et velues, composées de 3-5 folioles, lui valant le surnom de *patte d'ours*.

Fleurs : juin-septembre. Groupées en larges ombelles de 15-30 rayons. Elles accueillent en été une étonnante variété d'insectes pollinisateurs, dont les syrphes, d'inoffensives mouches déguisées en guêpes.

Usage : les jeunes feuilles peuvent être hachées crues dans les salades, les feuilles âgées sont à consommer cuites. Les tiges et les pétioles coupés en dés se gratinent et les ombelles en bouton sont à cuisiner comme les asperges ou en beignets. Les graines parfument les gâteaux.

Attention : *les berces peuvent avoir des effets photosensibilisants et provoquer des cloques chez certaines personnes. Utiliser des gants pour les manipuler.*

Risques de confusion

Dans la famille des apiacées, la berce des prés a des cousines mortelles (**ciguës**, > *p. 26*, et œnanthes notamment), ou toxiques (**berce du Caucase**, > *p. 20*).

A ne pas confondre avec la berce des prés !

Berce du Caucase

Heracleum mantegazzianum
Famille : apiacées
Hauteur : 3-5 m
Comestibilité : toxique

Généralités : cette géante est originaire du Caucase et a été plantée en Europe en ornement. Ayant commencé à s'échapper des parcs botaniques en 1828, elle est aujourd'hui partout en expansion. Sa taille et sa croissance rapide empêchent les plantes voisines d'accéder à la lumière.

Habitat : parcs, pâturages, talus et décombres sur des sols riches, profonds et frais, voire humides. Elle colonise nos régions en suivant les bords de routes et de rivières.

Feuilles : profondément découpées et dentées, elles sont de très grande taille.

Fleurs : juillet-septembre. Blanches ou jaune verdâtre, elles sont réunies en larges ombelles attirant une foule d'insectes.

Usage : au contact de la plante, de ses feuilles ou de son suc, la peau s'imprègne de toxines qui réagissent au soleil et provoquent des brûlures parfois très sévères suivies de fortes démangeaisons. Cet effet photosensibilisant est connu chez de nombreuses autres ombellifères mais avec des réactions plus modérées. La berce du Caucase est néanmoins comestible mais il est difficile de se protéger des projections de sucs. Ne tentez pas le diable !

ombelle terminale
atteignant
50 cm de largeur
large tige creuse
de plus de 6 cm
d'épaisseur à la base
fruit long de 9-14 mm
section transversale
du fruit
immenses feuilles découpées
et de 0,5-1 m de long ou plus

Herbe aux goutteux

Aegopodium podagraria
Famille : apiacées
Hauteur : 30-90 cm
Comestibilité : comestible

Généralités : connue aussi sous le nom d'*égopode podagraire*, cette ombellifère possède un goût puissant et aromatique rappelant le céleri ou l'angélique. Elle se propage facilement par ses racines profondes et nombreuses pour former d'importantes colonies.

Habitat : lieux incultes, jardins, lisières et forêts dans les endroits frais et ombragés.

Feuilles : ses feuilles inférieures plutôt ovales sont composées de 3 folioles elles-mêmes divisées en 3.

Fleurs : mai-septembre. Elle fleurit au bout de 2-3 ans et forme des ombelles légèrement bombées de 12-25 rayons.

Usage : cultivées autrefois au potager, ses jeunes pousses se mangent en salade ou font d'excellentes soupes. Les feuilles développées se cueillent avant l'apparition de la tige et sont à cuire après avoir retiré le pétiole devenu dur.

Risques de confusion

Attention aux espèces toxiques ou mortelles de la famille des apiacées, aux feuilles et tiges dépourvues de poils (**ciguës**, > *p. 26*, et œnanthes notamment).

Cumin des prés

Carum carvi
Famille : apiacées
Hauteur : 30-60 cm
Comestibilité : comestible

Généralités : les feuilles de cette plante appelée aussi *carvi* dégagent un arôme semblable à celui de son cousin méditerranéen le cumin (*Cuminum cyminum*) lorsqu'elles sont froissées entre les doigts.

Habitat : prairies et pâturages de montagne, surtout sur les sols calcaires.

Feuilles : découpées en fines lanières parfumées, insérées sur une tige résistante et creusée de sillons.

Fleurs : mai-août. Minuscules, elles forment de modestes ombelles composées de 8-16 rayons inégaux à l'extrémité des tiges.

Usage : ses jeunes feuilles crues et hachées parfument les salades. Cuites, elles accompagnent d'autres légumes. Ses fruits, appelés *graines de carvi*, font un excellent condiment (fromage, légumes). Sa racine vigoureuse a un goût de carotte.

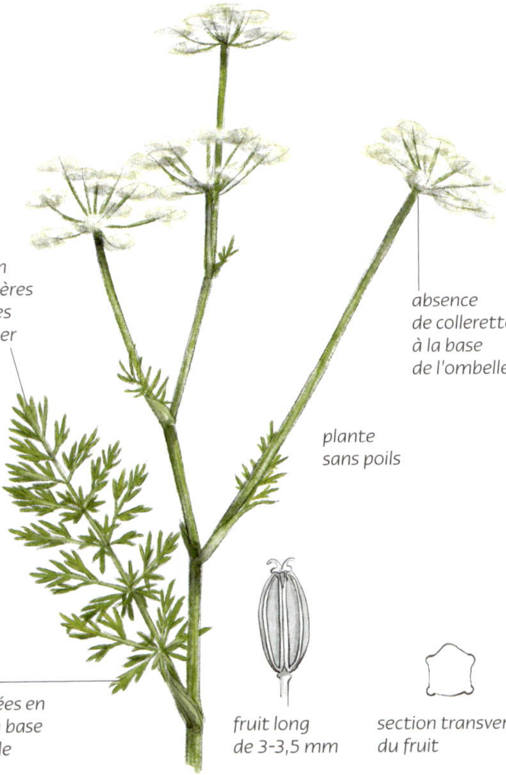

Risques de confusion

Attention aux espèces toxiques ou mortelles de la famille des apiacées, aux feuilles et tiges dépourvues de poils (**ciguës**, > *p. 26*, et œnanthes notamment).

A ne pas confondre avec le cumin des prés, la berce des prés et l'herbe aux goutteux

Grande ciguë

Conium maculatum
Famille : apiacées
Hauteur : 50-200 cm
Comestibilité : **mortelle**

Généralités : cette belle empoisonneuse est une plante tachetée de pourpre, à l'odeur fétide et dépourvue de poils. Elle contient des alcaloïdes toxiques provoquant des troubles respiratoires et nerveux, parfois mortels.

Habitat : chemins et décombres dans les endroits humides et peu herbeux.

Feuilles : finement découpées, à lobes courts, pourvues d'un pétiole assez long et taché de pourpre à sa base. Elles atteignent jusqu'à 50 cm de longueur. Froissées, leur odeur âcre rappelle l'urine de souris ou de chat.

Fleurs : juin-septembre. Petites et blanches, elles sont réunies au sommet des tiges en ombelles de 8-15 rayons inégaux.

Usage : la grande ciguë est une plante vénéneuse réputée depuis l'Antiquité qui servait à confectionner des poisons violents entraînant la mort par paralysie respiratoire.
Il est important d'apprendre à reconnaître cette espèce, ne serait-ce que pour éviter aux enfants les accidents liés à la confection malheureuse de sarbacanes avec ses tiges creuses !

fruit long de 2,5-3,5 mm, presque globuleux

section transversale du fruit

Plantain lancéolé

Plantago lanceolata
Hauteur : 10-40 cm
Famille : plantaginacées
Comestibilité : comestible

Généralités : cette vivace est l'une des plantes les plus communes en Europe et des plus prolifiques de la planète. Ses nombreuses graines sont très appréciées des oiseaux.

Habitat : prairies, chemins et terrains vagues. Contrairement à son cousin le grand plantain (*Plantago major*) qui préfère les sols tassés, le plantain lancéolé indique un sol plus aéré.

Feuilles : étroites, lancéolées et réunies en rosette, elles portent 3-5 nervures parallèles très saillantes d'où leur surnom d'*herbe à cinq coutures* ou encore d'*oreille de lièvre*.

Fleurs : avril-septembre. Petites, elles sont groupées en épis serrés, arrondis, et perchés au sommet de longs pédoncules.

Usage : plante médicinale qui soulage les inflammations cutanées et respiratoires. Froissées ou broyées, ses feuilles fraîches cicatrisent et soulagent les brûlures d'ortie ou les piqûres d'insectes. Agées, elles développent une saveur trop amère. En revanche, les jeunes feuilles ont un petit goût de champignon et se consomment en salade, hachées dans du fromage frais ou cuites pour parfumer risottos et autres plats.

feuilles en forme d'oreille de lièvre
pédoncule strié
nervures (côtes) saillantes

Cirse maraîcher

Cirsium oleraceum
Famille : astéracées
Hauteur : 50-150 cm
Comestibilité : comestible

Généralités : contrairement à ses proches cousins habituellement très piquants et souvent confondus avec les chardons, ce cirse peu épineux ne pique pas. Il est connu aussi sous le nom de *cirse faux épinard* ou *cirse potager*.

Habitat : il pousse en colonies dans les prairies fraîches ou humides, et les fossés.

Feuilles : souples et même molles, elles sont bordées d'épines non piquantes et embrassent la tige à leur base.

Fleurs : juin-septembre. Mellifères et de couleur jaune pâle, elles forment au sommet de la plante des coupes globuleuses ceinturées de petites pointes crochues.

Usage : avant que la tige florale n'apparaisse, la racine se mange crue ou cuite. Les jeunes feuilles en salade ont une saveur douce. Elles s'accommodent également cuites en gratin. Les pétioles et les nervures centrales des feuilles se préparent comme des côtes de bette tandis que les toutes jeunes tiges tendres, sucrées et aromatiques se croquent crues.

large feuille
embrassant
la tige
bordure
de cils non
piquants

Pissenlit officinal

Taraxacum officinale
Famille : astéracées
Hauteur : 5-30 cm
Comestibilité : comestible

Généralités : l'une des salades sauvages parmi les plus populaires. Derrière le nom *pissenlit* se cache en réalité un grand nombre d'espèces proches et d'hybrides difficiles à différencier.

Habitat : il colonise des milieux divers, mais se plaît en particulier dans les prairies grasses, les champs, les pelouses et les bords de chemin, sur des sols riches et frais.

Feuilles : réunies en rosette, allongées et dentées, elles sont à l'origine de l'autre nom du pissenlit: *dent-de-lion*.

Fleurs : avril-juin et parfois septembre-octobre. Elles sont jaunes et très mellifères. Comme chez toutes les astéracées, l'inflorescence du pissenlit est populairement considérée comme une unique fleur. Or, en réalité, elle est composée de centaines de petites fleurs en tube ou en languette réunies sur un réceptacle appelé *capitule*.

Usage : ses principes amers ont des vertus digestives. La racine se mange crue ou cuite, les jeunes feuilles en salade ou cuites quand elles sont plus âgées. Les boutons floraux marinés dans du vinaigre se consomment comme des câpres. Enfin, vins, tisanes, sirops et confitures se préparent à partir des fleurs.

tige non ramifiée et sans feuilles, contenant un latex blanc
bractées étalées ou rabattues vers le bas
plante sans poils

Salsifis des prés

Tragopogon pratensis
Famille : astéracées
Hauteur : 30-70 cm
Comestibilité : comestible

Généralités : ancêtre du salsifis cultivé, cette plante commune est aussi appelée *barbe de bouc* en raison de ses fruits plumeux qui ne sont pas sans rappeler ceux du pissenlit.

Habitat : prairies de fauche et bords de chemins.

Feuilles : longues et très effilées, elles ressemblent à celles des graminées et embrassent la tige à leur base.

Fleurs : mai-juillet. Elles s'ouvrent presque uniquement le matin pour se refermer souvent avant midi et jusqu'au lendemain. Les bractées de l'inflorescence sont disposées sur un seul rang.

Usage : la racine peut être mangée crue en salade, récoltée avant l'apparition de la hampe florale, souvent en automne. Les jeunes feuilles sont également comestibles en salade ou cuites tandis que les boutons floraux se préparent comme les asperges (crus ou cuits). Les grosses boules duveteuses composées des graines parachutes du salsifis font le bonheur des enfants qui soufflent dessus.

8 bractées vertes, de même longueur que les fleurs
feuilles effilées et engainantes
graines à aigrettes groupées en sphère de 10-15 cm de diamètre

Tussilage

Tussilago farfara
Famille : astéracées
Hauteur : 5-30 cm
Comestibilité : comestible

Généralités : petite plante pionnière typique des sols remués. Ses fleurs odorantes et mellifères sont parmi les premières à apparaître au printemps.

Habitat : chemins, décombres et rives des cours d'eau. Cette espèce est aussi une spécialiste des zones de chantiers, des déblais et des éboulis frais.

Feuilles : vert gris, caoutchouteuses et en forme de cœur anguleux. Le tussilage est aussi nommé *pas d'âne* en raison de la forme de ses feuilles. Elles apparaissent en tapis seulement après la floraison et sont munies d'un long pétiole sortant de terre.

Fleurs : mars-avril. Une seule inflorescence jaune avec le centre orangé apparaît par tige, à son sommet. Les graines sont prolongées d'une aigrette plumeuse et se laissent emporter par le vent.

Usage : les épaisses feuilles sont consommées cuites et sont excellentes en beignets. Les fleurs se mangent crues dans les salades ou cuites sautées au beurre. Toutes les parties aériennes de la plante ont des vertus antitussives en infusion.

Risques de confusion

Sans la tige florale ou ses restes desséchés, attention aux confusions avec les feuilles des pétasites et des adénostyles.

Mélilot officinal

Melilotus officinalis
Famille : fabacées
Hauteur : 30-120 cm
Comestibilité : comestible / toxique

Généralités : cette grande légumineuse ramifiée forme de véritables petits buissons visibles en été sur les bords des chemins.

Habitat : lieux incultes, talus, friches, chemins et gravières, plutôt sur les sols calcaires.

Feuilles : rappelant celles du trèfle, elles sont composées de 3 folioles dentées et allongées.

Fleurs : juin-octobre. Pendantes et mellifères, elles sont réunies en grappes longues dont la tige naît à l'aisselle des feuilles.

Usage : les feuilles et fleurs séchées contiennent de la coumarine et aromatisent les mets salés ou sucrés d'une touche vanillée rappelant le gaillet odorant (> *p. 12*).
Avant l'utilisation de la luzerne, le mélilot était autrefois semé dans les champs comme engrais vert lors des rotations de cultures. En 14-18, les soldats de la Grande Guerre aromatisaient leur tabac avec.

Attention : *mal séchée, elle devient toxique comme les aspérules* (Asperula spp.).

foliole bordée de petites dents
tiges rigides

Ortie dioïque

Urtica dioica
Famille : urticacées
Hauteur : 50-120 cm
Comestibilité : comestible

Généralités : cette mal-aimée est une célébrité parmi les plantes en raison de ses poils urticants. Elle forme des touffes compactes maintenant fraîcheur et humidité, et elle accueille un grand nombre de petits animaux.

Habitat : décombres, bords de chemins, haies, lisières et voisinage des habitations et du bétail, sur des terrains frais à humides, riches en azote.

Feuilles : vert foncé, en dents de scie et groupées par 2. Elles sont couvertes de petites aiguilles remplies d'un cocktail chimique qui infligent de déplaisantes brûlures.

Fleurs : juin-septembre. Minuscules, en grappes ramifiées et pendantes. Il existe des pieds mâles et des pieds femelles.

Usage : la succulente ortie est riche en minéraux et en protéines. Froissée dans un tissu, cuite ou séchée, elle perd son piquant. Les jeunes feuilles sont cuites comme des légumes, préparées en soupes, quiches, cakes, sauces ou au four avec huile et sel pour des chips croustillantes. Au jardin, elle est utilisée dans la confection de purins et d'extraits végétaux pour fortifier, amender ou soigner les cultures. A cueillir avec des gants.

tige et feuilles urticantes

Chénopode Bon-Henri

Chenopodium bonus-henricus
Famille: amarantacées
Hauteur: 20-80 cm
Comestibilité: comestible

Généralités: ce légume ancien, aussi appelé *épinard sauvage*, tient son nom du roi Henri IV qui aurait créé des potagers de plantes comestibles pour les faire connaître à son peuple.

Habitat: forme des colonies denses dans les décombres, les graviers, le long des chemins et dans les reposoirs à bétail, sur des sols riches en azote et en nitrate.

Feuilles : grandes et triangulaires, couvertes en dessous d'une couche farineuse qui roule sous le doigt qui la caresse.

Fleurs: juillet-août. Elles sont minuscules et réunies en petites grappes formant de longs épis terminaux.

Usage: les jeunes feuilles se mangent crues en salade, les plus âgées cuites. Les inflorescences se préparent comme des asperges et ses graines torréfiées agrémentent certains plats (son cousin cultivé le *quinoa* est d'ailleurs lui aussi un chénopode). Le Bon-Henri a une saveur proche de l'épinard, un peu plus amère.

Attention: *à consommer avec modération pour éviter les effets toxiques de l'acide oxalique.*

Risques de confusion

Attention à distinguer ses feuilles de celles de l'**arum tacheté** (> *p.* 44).

A ne pas confondre avec le chénopode Bon-Henri !

Arum tacheté

Arum maculatum
Hauteur : 15-40 cm
Famille : aracées
Comestibilité : toxique

Généralités : aussi nommée *gouet maculé*, cette plante de printemps commune et très irritante emprisonne ses pollinisateurs.

Habitat : se plaît à l'ombre des haies, des lisières et dans les bois humides de feuillus.

Feuilles : contrairement au chénopode Bon-Henri (> *p. 42*), elles sont luisantes, charnues et leur revers n'est pas farineux. Le simple fait de les porter à la bouche irrite les muqueuses et provoque des boursouflures sur la langue.

Fleurs : avril-mai. Elles sont en forme de massue brun violacé dressée au cœur d'un cornet vert clair. Cette fleur particulière est un piège pour attirer de petites mouches et les retenir prisonnières quelques jours, le temps nécessaire pour assurer la fécondation de la plante.

Usage : tout le végétal est hautement toxique. Ses fruits sphériques orange ou rouge vif attirent malheureusement l'attention des jeunes enfants qui peuvent les ingérer quand les parents ont le dos tourné. Les centres antipoison sont fréquemment sollicités pour cette raison. Plusieurs variétés ornementales sont plantées dans les jardins.

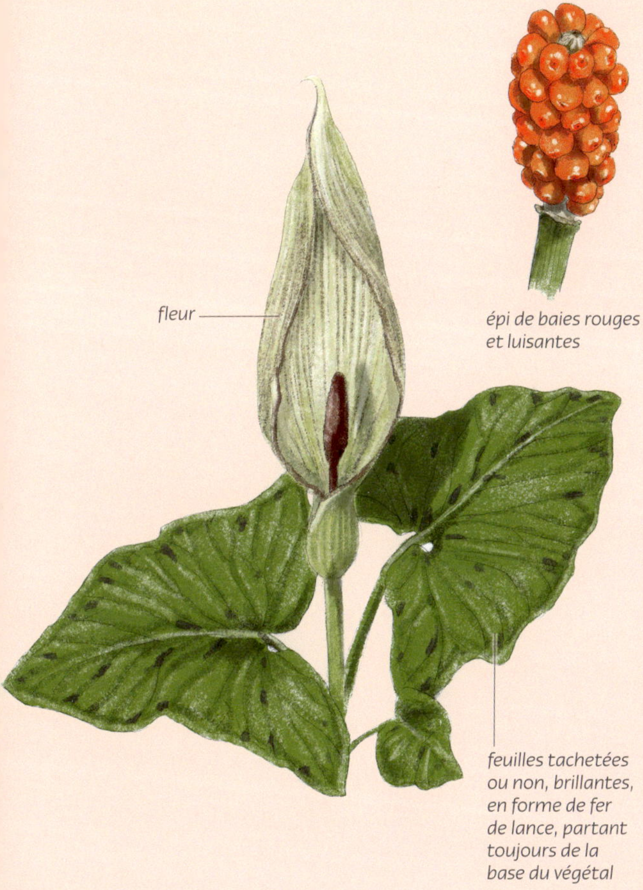
fleur
épi de baies rouges
et luisantes
feuilles tachetées
ou non, brillantes,
en forme de fer
de lance, partant
toujours de la
base du végétal

Amarante réfléchie

Amaranthus retroflexus
Famille : amaranthacées
Hauteur : 10-100 cm
Comestibilité : comestible

Généralités : cette plante velue au caractère envahissant est originaire d'Amérique du Nord. Elle est très résistante à la sécheresse.

Habitat : décombres, chemins, champs et cultures. Cette espèce considérée comme *mauvaise herbe* apparaît de plus en plus souvent dans les potagers.

Feuilles : souples et veloutées, elles sont couvertes de poils courts et grisonnants. Leurs rebords sont légèrement ondulés.

Fleurs : juillet-septembre. Sans pétales, elles sont disposées en épis compacts à l'aisselle des feuilles et au sommet de la tige.

Usage : la saveur douce des jeunes feuilles et leur goût agréable sont appréciés en salade ou après une cuisson à la vapeur. Utilisées depuis des siècles par les autochtones d'Amérique, les graines sont comestibles comme des céréales, bouillies à l'eau ou grillées et moulues en farine puis cuites en galette. Des variétés décoratives comme l'amarante queue-de-renard sont semées dans les jardins.

Attention : *à consommer avec modération du fait de l'acide oxalique contenu dans la plante (jeter l'eau de cuisson).*

épis floraux piquants en
fin de floraison (présence
de bractées épineuses)
tige sillonnée
et rameaux
couverts
de poils fins
feuilles velues
en losange

Ciboulette

Allium schoenoprasum
Famille : amaryllidacées
Hauteur : 10-40 cm
Comestibilité : comestible

Généralités : cette herbe aromatique bien connue est aussi appelée *civette*.

Habitat : ses milieux naturels de prédilection sont les prairies humides et les rives, surtout en montagne. Sa version cultivée est très répandue dans les jardins ou sur les balcons.

Feuilles : nombreuses, fines et longues, elles rappellent les touffes d'herbe mais sentent l'ail, sont creuses, cylindriques et roulent entre les doigts. De nombreuses espèces d'ail sauvage correspondent à cette description mais leur confusion est sans danger car elles sont également comestibles.

Fleurs : mai-août. Elles sont groupées en jolies ombelles globuleuses et attirent les insectes butineurs.

Usage : le goût de la ciboulette est plus subtil que celui de l'oignon ou de l'ail. Les jeunes feuilles crues et ciselées relèvent salades, crudités et autres plats. Cuites, elles perdent beaucoup de leur parfum. Les fleurs fraîches sont également utilisées en condiment ou en beignets.

fleurs réunies
en pompon
nombreuses
feuilles
odorantes,
fines, longues
et cylindriques

Origan

Origanum vulgare
Famille : lamiacées
Hauteur : 20-60 cm
Comestibilité : comestible

Généralités : cette cousine sauvage de la marjolaine (*Origanum majorana*) produit un nectar si concentré en sucres qu'elle attire de très nombreux insectes pollinisateurs, en particulier les papillons. Plus de 60 espèces différentes ont déjà été observées sur ses fleurs.

Habitat : ses petites colonies s'installent dans les endroits secs et calcaires, sur les talus herbeux, dans les friches, les broussailles, le long des lisières et des chemins.

Feuilles : ovales, opposées et agréablement odorantes, leur face inférieure est criblée de points noirs qui sont en réalité de minuscules glandes aromatiques.

Fleurs : juillet-sept. Petites et serrées, elles sont groupées à l'aisselle de 2 modestes feuilles florales (bractées) au bout des tiges. Les sommités fleuries sont encore plus aromatiques que les feuilles.

Usage : les fleurs crues parfument les salades et d'autres plats, les feuilles fraîches ou séchées sont des condiments, incontournables sur les pizzas, les fougasses ou dans les sauces tomate italiennes. L'origan est également très réputé pour ses vertus antiseptiques et digestives.

bouquet de fleurs
mêlées de petites
feuilles violacées
feuilles
parfumées,
ovales et
pointues
tige velue

Thym serpolet

Thymus serpyllum
Famille : lamiacées
Hauteur : 5-25 cm
Comestibilité : comestible

Généralités : ce petit arbrisseau aromatique appelle le soleil. Il existe plusieurs espèces très proches et difficiles à différencier.

Habitat : commun dans les lieux secs et bien exposés comme les talus, les coteaux et les rochers, surtout sur les sols calcaires.

Feuilles : opposées, très petites et parfumées, elles ne possèdent pas de pétiole. Des petits poils parsèment leur rebord. Les tiges anguleuses et rampantes du serpolet sont constituées de bois à leur base (pied ligneux) et se redressent à leur sommet.

Fleurs : juin-octobre. Chacune est composée de 5 lobes, 3 en bas et 2 en haut. Les inflorescences sont globuleuses et attirent les insectes butineurs.

Usage : les feuilles hachées et les fleurs sont utilisées crues ou séchées comme condiment (à ajouter plutôt en fin de cuisson pour préserver leur arôme). La plante apporte du goût aux recettes tout en favorisant la digestion. Elle est aussi préparée en infusion pour soigner la toux et combattre les infections.

très petites
feuilles ovales
odorantes
plante rampante,
ligneuse à la base

Renouée bistorte

Polygonum bistorta
Famille: polygonacées
Hauteur: 30-80 cm
Comestibilité: comestible

Généralités: cette plante vivace nourrit les chenilles de 2 papillons rares faisant l'objet de plans de protection, le nacré de la bistorte *(Boloria eunomia)* et le cuivré de la bistorte *(Lycaena helle)*.

Habitat: espèce plutôt montagnarde, la bistorte pousse en massifs denses dans les prairies humides souvent entre 500 et 2500 m d'altitude.

Feuilles: d'aspect allongé et triangulaire, ses feuilles inférieures se rétrécissent brusquement à la base et forment une petite marge autour de la nervure principale qui, elle, finit par plonger dans une longue gaine.

Fleurs: mai-juillet. Rose clair à rose vif, elles forment au sommet de la tige un épi solitaire et dense.

Usage: son goût est légèrement acidulé. Les feuilles jeunes se mangent crues en salade, cuites en soupe ou complètent des plats divers. Les fleurs se préparent en beignets. Sa racine doublement tordue *(bistorta)* qui lui a valu le nom populaire de *serpentaire*, est très riche en tanins. Elle était utilisée pour stopper toutes sortes de saignements.

épi
cylindrique,
large de
1-2 cm

Lierre terrestre

Glechoma hederacea
Famille : lamiacées
Hauteur : 5-20 cm
Comestibilité : comestible

Généralités : cette petite plante aromatique possède une tige rampante et des rameaux qui se dressent pour fleurir.

Habitat : prairies, buissons, lisières et forêts. Il apprécie une certaine humidité et tolère bien les zones ombragées.

Feuilles : petites, crénelées et opposées. Froissées, elles libèrent une odeur prononcée rappelant la menthe, le citron et la terre.

Fleurs : avril-mai. Munies de 5 lobes, elles sont roses à bleu violet avec la partie centrale plus foncée. Elles prennent naissance à l'aisselle des feuilles et sont souvent tournées du même côté, vers la lumière.

Usage : les jeunes feuilles hachées, séchées ou fraîches se consomment avec modération en condiment dans les salades, le fromage, les soupes et autres plats. Elles sont idéales pour parfumer du vin blanc et ont longtemps été employées pour aromatiser la bière. Les vertus expectorantes du lierre terrestre sont reconnues et utilisées en sirop.

petites feuilles en cœur,
crénelées de dents arrondies
long
pétiole

Consoude officinale

Symphytum officinale
Famille : boraginacées
Hauteur : 40-120 cm
Comestibilité : comestible / toxique

Généralités : plante couverte de poils raides. Son épaisse racine pivotante et cylindrique peut s'enfoncer très profondément dans le sol.

Habitat : pousse dans les prairies fraîches, fossés, rives et jardins, avec une préférence pour les terrains humides.

Feuilles : longues et épaisses, elles sont aussi velues, rêches et pointues. Leur pétiole se prolonge sur la tige anguleuse et même ailée de la plante.

Fleurs : mai-août. Pourpres ou parfois jaunâtres, elles ont une forme tubulaire qui rappelle une étroite clochette. Seuls les insectes à longue langue accèdent à son nectar. Certains bourdons munis d'une langue trop courte percent la corolle pour dérober le précieux liquide sucré.

Usage : les jeunes feuilles se mangent crues en salade, les plus âgées cuites et préparées comme les épinards. Elles sont délicieuses en beignets. Plante réputée pour ses propriétés à consolider ou à *souder* les os brisés, d'où son nom.

Attention : *contient des alcaloïdes toxiques à haute dose. Consommer au plus une préparation par semaine.*

Risques de confusion

Se méfier de la ressemblance avec les feuilles de la **digitale pourpre** (> *p. 60*).

A ne pas confondre avec la consoude officinale !

Digitale pourpre

Digitalis purpurea
Famille : plantaginacées
Hauteur : 40-150 cm
Comestibilité : mortelle

Généralités : les colonies de cette haute et spectaculaire plante vivace déploient ses fleurs à hauteur d'être humain. Belle et extrêmement toxique, elle a été largement utilisée pour ses pouvoirs parfois considérés comme magiques.

Habitat : elle pousse dans les clairières, les forêts claires, les landes, les lisières et en bordure de chemins, sur des sols acides et frais.

Feuilles : légèrement poilues, elles sont blanchâtres dessous. Contrairement aux feuilles rêches de la consoude (*> p. 58*), les feuilles souples de la digitale sont très douces au toucher.

Fleurs : juin-septembre. Réunies en grappe allongée, elles sont tubulaires et barbues. Leur gorge tachetée est hérissée de poils tactiles qui stimulent les insectes pollinisateurs. Les noms de *gants-de-Notre-Dame*, *gantelée*, *doigtier* ou même *digitale* viennent de cette forme en doigt de gant.

Usage : toute la plante peut provoquer de graves troubles digestifs, nerveux et cardiaques, même à faible dose. Elle contient de la digitaline, substance employée en médecine avec précaution pour ralentir le rythme du cœur. Des variétés ornementales sont cultivées dans les jardins.

fleurs pendantes,
pourpres ou blanches
de la taille d'un doigt,
presque toutes tournées
du même côté
tige unique
feuilles ovales,
crénelées, molles
et douces au toucher

Grande mauve

Malva sylvestris
Famille : malvacées
Hauteur : 30-120 cm
Comestibilité : comestible

Généralités : campée sur sa puissante racine blanchâtre, cette plante bisannuelle ou vivace forme en hiver un tapis bombé de feuilles, puis dresse ses hautes tiges ramifiées et fleuries en été.

Habitat : chemins, décombres et jardins, sur les sols secs, ensoleillés et riches, même en milieux urbains.

Feuilles : alternes et dentées, plus ou moins découpées (plus arrondies à la base de la plante), elles sont vert foncé et souvent ornées d'une tache centrale rougeâtre.

Fleurs : juin-septembre. Ses pétales longs de 2-3 cm sont échancrés et veinés de violet foncé.

Usage : cette plante médicinale est réputée pour son action émolliente et désinfectante. Les feuilles se dégustent crues, cuites en soupe ou poêlées. Elles contiennent beaucoup de mucilage, une substance épaississante, laxative si absorbée en quantité, qui rend leur texture légèrement gélatineuse. Les jeunes fruits, au goût de noisette, ressemblent à de petits fromages et se grignotent crus.

grandes fleurs
à 5 pétales roses
et rayées de
lignes sombres
feuilles
dentées à
5 lobes plus
ou moins
prononcés
plante velue

Rumex oseille

Rumex acetosa
Famille : polygonacées
Hauteur : 30-100 cm
Comestibilité : comestible / toxique

Généralités : ses tiges rougeâtres chargées de graines et qui parsèment les pâturages font le bonheur des oiseaux comme les chardonnerets. On l'appelle aussi *oseille sauvage* ou *oseille des prés*.

Habitat : prairies, bords de chemin, pâtures et jardins, sur les sols riches en azote, frais, voire humides.

Feuilles : en forme de fer de flèche, elles sont 2 à 5 fois plus longues que larges.

Fleurs : mai-août. Petites, de couleur verte bordée de rouge, elles sont réunies en longues grappes denses.

Usage : ses feuilles tendres au goût acidulé sont consommées crues ou cuites, en salade, en sauce ou en soupe. Elles sont aussi macérées dans de l'eau miellée pour fabriquer une limonade. Agées, elles deviennent trop fibreuses. Le jus frais de la plante soulage les piqûres d'ortie.

Attention : *les rumex sont riches en acide oxalique, un composé qui irrite les reins à forte dose. A consommer avec modération !*

Risques de confusion

Attention à ne pas confondre ses premières feuilles avec celles de l'**arum tacheté** (> *p. 44*) ou celles d'autres rumex.

Rumex des Alpes

Rumex alpinus

Famille : polygonacées

Hauteur : 30-100 cm

Comestibilité : comestible / toxique

Généralités : aussi nommée *rhubarbe des moines*, cette plante vivace de montagne forme de grandes colonies.

Habitat : prairies, reposoirs à bétail et abords des chalets d'alpage entre 800 et 2500 m d'altitude.

Feuilles : grandes et molles, reliées à la tige par un long pétiole creusé en gouttière, elles atteignent 50 cm de long.

Fleurs : juillet-août. Petites et verdâtres, elles sont densément réunies en étroites inflorescences au sommet des tiges.

Usage : les jeunes feuilles cuites se consomment comme des légumes verts. Les longs pétioles, à la saveur moins acide que la rhubarbe, se préparent en compote, en confiture ou en tarte.

Attention : *les rumex sont riches en acide oxalique, un composé qui irrite les reins à forte dose. A consommer avec modération !*

feuille à bord ondulé
en cœur à la base
tige épaisse,
striée et rougeâtre

Mâche

Valerianella locusta
Famille : caprifoliacées
Hauteur : 10-30 cm
Comestibilité : comestible

Généralités : cette petite plante reine des salades sauvages est également connue sous le nom de *rampon* ou de *doucette*. Sa saveur en effet très douce permet de l'identifier sans risque de confusion.

Habitat : champs, fossés, jardins, chemins et vignes, sur des sols de préférence secs.

Feuilles : légèrement charnues, allongées et en forme de spatule, elles forment une rosette de 5 à 12 cm de diamètre au ras du sol en hiver.

Fleurs : avril-mai. Réunies en petits bouquets serrés, elles sont bleues, blanches ou lilas. Les tiges florales sont cassantes et anguleuses, elles se divisent fréquemment par 2.

Usage : les jeunes pousses de la doucette ont une saveur fine et sont riches en vitamines et minéraux. Toutes les parties aériennes se mangent en salade. Elles se récoltent de préférence à la fin de l'hiver. La mâche est largement cultivée sous la forme de nombreuses variétés potagères.

fleurs longues au
maximum de 3 mm
tige fourchue
rosette de feuilles avant la floraison

Index des noms français et des noms scientifiques

Textes et dessins revus et augmentés
à partir du Miniguide n° 114 (la Salamandre).

Textes : Sofia Matos, David Melbeck, Marc Tourrette
Illustrations : Yann Le Bris
Direction éditoriale et coordination : Alessandro Staehli
Relecture : Benoît Richard et Edith Grunberg
Conception graphique et mise en page : Franck Bas

salamandre

Née en 1983 de la passion d'un enfant, la Salamandre est aujourd'hui une maison d'édition franco-suisse indépendante et sans but lucratif. Depuis plus de 40 ans, nous faisons découvrir la beauté d'une nature authentique avec des livres, des revues et des films réalisés avec une grande exigence de qualité.

slowédition

Pionniers dans la *slow* édition, nous publions uniquement les ouvrages auxquels nous croyons, en préférant leur qualité et leur durabilité à un rendement maximal de notre activité.
Nous souhaitons redonner au livre sa juste valeur en maintenant une relation privilégiée avec toutes et tous les intervenant·e·s impliqué·e·s dans la chaîne d'édition, des auteur·e·s aux lecteurs et aux lectrices en passant par l'imprimeur, les diffuseurs et les libraires.
Chacun de nos ouvrages est produit de manière à limiter au maximum son impact environnemental et nous choisissons des imprimeurs certifiés aux meilleures normes écologiques.
Ce livre a été imprimé à moins de 100 km de notre siège social.
salamandre.org

Imprimé en France par L'Imprimeur Simon à Ornans.
Dépôt légal : mai 2023 – ISBN : 978-2-88958-517-5